Histamin Intoleranz Kochbuch

Die leckersten histaminarmen Rezepte für eine gesunde und ausgewogene Ernährung bei Histaminintoleranz inkl. Symptom- & Ernährungstagebuch

Felia Loesing

Vorwort

Die Haut wird rot und juckt nach einem Glas Sekt oder Rotwein und Sie fühlen sich immer unwohl nach dem Essen. Möglicherweise haben Sie gar schon versuchsweise auf Milchprodukte oder glutenhaltige Lebensmittel verzichtet, aber die unangenehmen Symptome, wie Blähungen, Bauchschmerzen und Hautirritationen, halten an. Haben Sie manchmal vielleicht sogar das Gefühl, Sie sind auf irgendetwas in Ihrer Umgebung allergisch, da Sie plötzlich niesen müssen und Ihre Nase läuft? Haben Sie oft Kopfschmerzen, trinken aber eigentlich genug Wasser?

Ein Grund für all diese körperlichen Warnsignale könnte eine Histamin-Intoleranz sein. Der menschliche Körper produziert Histamin. Wie kann das also zu einer unangenehmen körperlichen Reaktion führen?

Histamin ist ein Stoff, der zahlreiche Funktionen im menschlichen Körper steuert. Körperliche Ursachen oder verschiedene Umwelteinflüsse können allerdings dazu führen, dass diese „kleinen Helfer" übermäßig freigesetzt oder nicht mehr richtig abgebaut werden. Die körperlichen Symptome einer Histamin-Unverträglichkeit gleichen einer Allergie, einer Lebensmittelvergiftung oder einer Erkältung. Sie sind sehr zahlreich und sehr unterschiedlich, was zur Folge hat, dass für Betroffene oft keine Auslöser oder Zusammenhänge erkennbar sind.

Studien zufolge leiden nur ca. 1-3 % der Bevölkerung an einer Histamin-Intoleranz – aber aufgrund der schwer zu erkennenden Ausmaße der Stoffwechselstörung gehen Wissenschaftler davon aus, dass die Dunkelziffer weit höher liegt. Ganz besonders oft sind Frauen ab 40 davon betroffen.

Eine Histamin-Intoleranz wird umgangssprachlich auch die „Alles-was-Spaß-macht-Intoleranz" genannt, da sich die Auslöser oft in Genussmitteln wie Wein, Bier, Schokolade und Käse finden. Aber auch beim Verzehr von Tomaten, bestimmten Nüssen, Erdbeeren oder Birnen steigt der Histamingehalt in unserem Körper an.

Um ein ständiges Unwohlsein nach dem Essen zu vermeiden, hilft meist eine zeitweite Umstellung der Ernährung mit dem Fokus auf den Lebensmitteln, die natürlich arm an Histaminen sind. Aber keine Angst – Sie müssen weder hungern noch befürchten, Ihre Mahlzeiten seien ab jetzt nur noch einseitig und langweilig.

In diesem ganz besonderen Kochbuch werden Sie alles über körpereigene Histamine und die Histamine in unserer Nahrung lernen. Ich gebe Ihnen eine genaue Liste der Lebensmittel an die Hand, die Sie in Zukunft besser meiden sollten, und zeige ich Ihnen verschiedene Rezepte auf, mit denen Sie Ihren Alltag neu gestalten können, ohne zu verzichten.

Eignen Sie sich Wissen über Ihre Nahrung an, schlemmen Sie sich durch die zahlreichen Rezepte und vor allem: genießen Sie!

Guten Appetit!

INHALT

Was ist Histamin?

Histamin ist ein biologisch entstandenes Amin, ein Eiweißstoff. Man unterscheidet zweierlei Histamine: das Histamin in Lebensmitteln und das Histamin, das unser Körper selbst bildet.

Einige pflanzliche Lebensmittel, wie Spinat oder Tomaten beispielsweise, enthalten bereits Histamine, aber in der Regel finden sich Histamine reichlich in Lebensmitteln, die zur Herstellung einen langen Reifeprozess durchlaufen müssen. Dazu zählen unter anderem Alkohol, Wurst, Käse und Sauerkraut. Das Histamin in Lebensmitteln entsteht durch den bakteriellen Abbau der Aminosäure Histidin.

Das Histamin, das unser Körper selbst bildet, wird ebenfalls von der Aminosäure Histidin gebildet und in den Mastzellen (spezielle weiße Blutkörperchen) im Darm gespeichert. Es wird ausgeschüttet, wenn eine Immunreaktion in Form von einer Allergie oder einem Viren- oder Bakterienbefall stattfindet. Es wird also nicht permanent, sondern nur im Bedarfsfall gebraucht. Es darf nicht zu einem Überangebot an Histaminen kommen. Die Histamine müssen vom Körper abgebaut werden, um das sensible Gleichgewicht beizubehalten.

WOFÜR BRAUCHT UNSER KÖRPER HISTAMIN?

Histamin beeinflusst als Neurotransmitter (Botenstoff) verschiedene wichtige Abläufe des menschlichen Körpers.

Es erweitert die Blutgefäße und reguliert somit den Blutdruck. Histamin verengt die Atemwege und hilft bei der Verdauung, indem es die Magensaftproduktion und die Bewegung der Darmmuskulatur anregt. Im zentralen Nervensystem erzeugt es den Brechreiz, der uns vor Vergiftungen und verdorbenen

Lebensmitteln schützt. Außerdem beeinflusst Histamin den Appetit und den Schlaf-Wach-Rhythmus.

Histamin-Intoleranz

Eine Nahrungsmittelunverträglichkeit beschreibt eine abartige Reaktion auf bestimmte Stoffe in Lebensmitteln. Im Gegensatz zu einer Allergie ist bei einer Intoleranz oder einer Unverträglichkeit das körpereigene Abwehrsystem nicht beteiligt. Wie auch bei einer Lactose- oder Fructose-Intoleranz verfügt der Körper in dem Fall nicht über genügend Enzyme, die den bestimmten Stoff aufnehmen oder abbauen können.

Histamin findet sich in Tieren und Pflanzen in unterschiedlicher Konzentration und wird somit über die Nahrung aufgenommen. Bei gesunden Menschen ist eine Menge von bis zu 10 Milligramm Histamin unbedenklich. Leidet man allerdings unter einer

Unverträglichkeit, ist die Toleranzgrenze des Histamins deutlich niedriger angesiedelt und kann schon in geringen Mengen zu typischen Symptomen einer Vergiftungserscheinung führen.

Eine Histamin-Intoleranz, genannt Histaminose, ist eine erworbene oder angeborene, wenn auch sehr selten, Störung des Stoffwechsels. Das Enzym Diaminoxidase (DAO) ist nicht ausreichend im Körper vorhanden und so kann das über die Nahrung aufgenommene Histamin nicht abgebaut werden. Auch ein Mangel an Histamin-N-Methyltransterase (HNMT) kann zu einem Missverhältnis zwischen der Menge der Histaminaufnahme und der Menge des Abbaus dessen im Körper führen.

In Europa leiden ca. 1 % der Bevölkerung an einer Histaminose, 80 % davon sind Frauen im mittleren Alter. Eine Histaminintoleranz bleibt in den meisten Fällen leider ein Leben lang bestehen.

Als Therapie kann eine Nahrungsergänzung mit dem Enzym DAO helfen, hier wird das Histamin der Lebensmittel gehemmt. Diese Kapseln kann man vor dem Verzehr von kritischen Lebensmitteln schlucken. Auch ein Antihistaminika-Medikament kann bei bestimmten Symptomen Abhilfe schaffen – darunter meist die typischen Allergie-Symptome wie Schnupfen, Schwindel und Kopfschmerz.

Der beste Weg allerdings, um mit dieser Unverträglichkeit zu leben, ist eine Umstellung der gewohnten Ernährungsform hin zu histaminarmen Speisen. Eine umfangreiche Liste der Lebensmittel, die zu vermeiden sind, finden Sie in diesem Buch. Lassen Sie sich auch von den vielen schmackhaften Rezepten inspirieren!

SYMPTOME

Die Symptome dieser Intoleranz sind sehr vielfältig und je nach Person unterschiedlich stark ausgeprägt.

Wie viele Symptome sich zeigen und in welchem Schweregrad sie auftreten, ist im Einzelfall von zahlreichen Faktoren sowie der körperlichen Befindlichkeit abhängig.

In Schleimhäuten und Atemwegen zeigen sich Symptome wie:

- Eine laufende oder verstopfte Nase

- Atembeschwerden

- Niesen

- Husten

- Asthma

Bezüglich des Verdauungssystems im menschlichen Körper können folgende Symptome auftreten:

- Bauchschmerzen oder Krämpfe
- Durchfall
- Blähungen
- Sodbrennen
- Übelkeit
- Erbrechen

Die Haut betreffend:

- Juckreiz
- Rötungen
- Nesselsucht
- andere Ausschläge
- stark gerötetes Gesicht
- Bildung von Ödemen

Außerdem können sich Beschwerden bezüglich des Nervensystems einstellen:

- Starke Kopfschmerzen bis hin zur Migräne
- Schwindel
- Müdigkeit

Das Herz-Kreislauf-System betreffend:

- Herzklopfen
- Herzrasen

- Niedriger Blutdruck
- Panikattacken

Auch auf das Hormonsystem, insbesondere das weibliche, hat Histamin einen Einfluss:

- Menstruationsschmerzen
- Allgemeines Unwohlsein

Zudem kommen bei einer Histamin-Intoleranz vor:

- Einschränkungen der Seefähigkeit
- Bindehaut- oder Augenentzündungen

DIAGNOSE

Eine Histamin-Intoleranz zu diagnostizieren ist aufgrund der vielen verschiedenen Symptome oftmals schwer und kann sich relativ langwierig gestalten.

Um andere, schwerwiegendere Krankheit auszuschließen, sollten Sie bei einem Verdacht auf eine Histaminose unbedingt einen Arzt konsultieren. Zur medizinischen Diagnose und zum Ausschluss anderer Krankheiten stehen verschiedene Verfahren und Tests zur Verfügung.

Ein Bluttest beispielsweise kann die Aktivität der DAO messen. Stress kann diesen Wert allerdings beeinflussen – hier werden die Bluttests in bestimmten Abschnitten mehrmals wiederholt.

Bei einem Hauttest kann herausgefunden werden, ob Sie nicht möglicherweise an einer Lebensmittelallergie leiden.

Haben Sie den Verdacht, sie könnten unter einer Histamin-Intoleranz leiden, empfiehlt sich die Führung eines Ernährungstagebuches. Über einen längeren Zeitraum tragen Sie hier ein, was Sie täglich zu sich nehmen und welche Symptome Sie an sich beobachten können. Eine Vorlage hierzu finden Sie auf der nächsten Seite. Tragen Sie in die Liste bitte alles ein, was Sie zu sich nehmen, auch Getränke, Alkohol, Medikamente und vermeintlich zu ignorierende Speisen wie Kaugummis oder Bonbons. Unter dem Punkt „Sonstiges" können Sie verschiedene Faktoren wie das Wetter, Stress, Sport oder sonstige Aktivitäten, Tierkontakt oder Tabakkonsum eintragen.

SYMPTOM- UND ERNÄHRUNGSTAGEBUCH

Zeit-punkt	Menge	Lebens-mittel / Gericht	Getränke	Sonstiges	Be-schwer-den

Lebensmittel

Nachfolgend finden Sie Listen der Lebensmittel, unterschieden in Obst, Gemüse, tierische Produkte und Weiteres (Kräuter, Samen, Nüsse, Gewürze usw.).

In der Spalte „gut verträglich" finden Sie Lebensmittel, die für die histaminarme Ernährung sehr verträglich sind und dauerhaft gegessen werden können.

Unter „meist verträglich" finden Sie Lebensmittel, die am Anfang unverträglich sind, bei einer länger andauernden Ernährungsumstellung aber eventuell wieder verträglich werden. Aufgrund dessen finden sich manche Lebensmittel in der „gut verträglich"- sowie der „meist verträglich"-Liste.

Unter dem Punkt „unverträglich" finden Sie die Lebensmittel, die dauerhaft gemieden werden sollten, um negative Symptome zu verhindern.

Arbeiten Sie mit diesen Listen! Sie haben unter jeder Liste noch Platz, um sie zu ergänzen und zu erweitern. Hier hilft Ihnen das Ernährungstagebuch, herauszufinden, wie und ab wann Sie bestimmte Lebensmittel verzehren können.

OBST

gut verträglich	meist verträglich	unverträglich
Acerolakirsche	Acerolakirsche	Ananas
Ahornkirsche	Apfel	Aprikose (getrocknet)
Apfel	Aprikose	Banane
Aprikose	Birne	Erdbeere
Barbados-Kirsche	Brombeere	Grapefruit
Blaubeere	Feige (frisch oder getrocknet)	Himbeere
Brombeere	Granatapfel	Kiwi
Cassis	Hagebutte	Limette
Cranberry	Johannisbeere	Mandarine
Dattel (getrocknet)	Kaki	Milabeere

Drachenfrucht	Litschi	Orange
Goji-Beere	Mango	Zitrone
Granatapfel (rotes Fleisch ohne Kerne)	Nektarine	
Heidelbeere	Pfirsich	
Holunderbeere	Pflaumen	
Honigmelone	Sauerkirsche	
Jamaika-Kirsche	Stachelbeere	
Johannisbeere (rot)	Süßkirsche	
Kaki	Wassermelone	
Kokosnuss	Zwetschge	
Litschi		
Nektarine		
Pfirsich		
Preiselbeere		
Rosine		
Sauerkirsche		
Sharonfrucht		
Stachelbeere		
Sternfrucht		
Trauben		
Wacholderbeere		
Zuckermelone		

GEMÜSE

gut verträglich	meist verträglich	unverträglich
Ackersalat	Artischocke	Aubergine
Artischocke	Bohnen	Avocado
Bierrettich	Brüsseler Kohl	Bohnen
Blattsalat	Erbsen	Essiggurke
Blumenkohl	Knoblauch	Jalapeño-Paprika
Brokkoli	Kohlrabi	Rucola
Chicorée	Kohlsprossen	Sauerkraut
Chinakohl	Lauch	Soja
Eisbergsalat	Mais	Spinat
Endiviensalat	Mangold	Tomate (inkl. Tomatenmark und Ketchup)
Feldsalat	Meerrettich	Oliven
Fenchel	Paprika	
Gurke	Porree	

Ingwer	Radies- chen	
Kartoffel	Rhabarber	
Knollensel- lerie	Rosenkohl	
Kürbis	Rote Bete	
Kurkuma	Schwarz- wurzel	
Mais		
Möhre		
Paprika		
Peperoni		
Rote Bete		
Rotkohl		
Spargel		
Süßkartoffel		
Weißkohl		
Wirsing		
Zucchini		

TIERISCHE PRODUKTE

gut verträglich	meist verträglich	unverträglich
Butter	Butter (Sauerrahm, mildgesäuert)	Austern
Butterkäse	Buttermilch	Beinschinken
Fisch (fangfrisch/tiefgekühlt)	Crème fraîche	Brie
Frischkäse	Feta	Camembert
Gouda (jung)	Joghurt, natur	Cheddar
H-Milch	Kamelmilch	Chester
Honig	Lachs (frisch)	Edamer
Hühnerfleisch	Milch	Eiklar
Eigelb	Salzwasserfisch (außer Thunfisch)	Emmentaler
Mascarpone	Sauerrahm	Fleisch (gepökelt, mariniert, geräuchert, stark zerkleinert)
Milch, pasteurisiert	Saure Sahne	Hering
Mozzarella	Schafmilch	Innereien

Quark	Süßwasser-fisch	Krabben
Ricotta	Ziegenmilch	Käse (lange gereifte Sorten, z. B. Emmentaler)
Rindfleisch		Krebse
Rohmilch		Leber (Rind)
Sahne		Makrelen
Schafsmilch		Muscheln
Süßrahmbutter		Parmesan
Truthahn		Rohschinken
Wachtelei		Roquefort
		Salami
		Sardelle
		Sardine
		Schinken (roh)
		Schimmelkäse
		Schmelzkäse
		Shrimps
		Thunfisch

WEITERES

gut verträglich	meist verträglich	unverträglich
Ahornsirup	Apfelessig	Balsamico
Amarant	Backwaren	Baumnuss
Basilikum (frisch)	Brennnessel	Bier
Birkenzucker	Brot	Bockshornklee
Brunnenkresse	Cashew	Buchweizen
Caramel	Cola	Champagner
Chiasamen	Dinkel (Korn)	Champignons
Cornflakes	Espresso	Energydrink
Dextrose	Esskastanie	Erdnüsse
Dinkel	Gerste	Geschmacksverstärker
Eisenkraut-Tee	Grüntee	Guave
Esskastanien	Hafer-Drink	Hefeextrakt
Farbstoff Beta-Carotin	Haselnuss	Kakaomasse
Flohsamenschalen	Kaffee	Keime
Fruchtzucker	Kefir	Linsen
Hafer	Kräuterteemischung	Marmelade
Hanfprotein	Limonadengetränk	Morcheln

Hanfsamen	Macadamianuss	Nougat
Hirse	Mandel	Pfeffer
Holunder	Marzipan	Pistazie (roh)
Kakaobutter	Mate Tee	Rotwein
Kamillentee	Petersilie	Sekt
Kohlensäure	Pfefferminze	Steinpilz
Kristallzucker	Pinienkerne	Soja
Laktose	Reismilch	Sonnenblumen-kerne
Lindenblütentee	Roggen	Tofu
Löwenzahnblätter	Schokolade (weiß)	Walnuss
Macadamia-Nuss	Sesam	Weinessig
Maltodextrin	Vanille	Weißwein
Maltose	Vollmilch	Weizenbier
Maronen	Weizen	Whisky
Nudeln		
Oregano		
Petersilie		
Pfefferminze		
Pflanzenöl		
Pflanzliche Margarine		
Pistazie		
Quinoa		
Reis		

Rooibostee		
Rosmarin		
Salbei		
Salz		
Schwarzkümmel		
Paranuss		
Pastinake		
Sultaninen		
Thymian		
Traubenzucker		
Wildreis		
Xylit		
Zimt		
Zucker		

Medikamente

Verdacht besteht, dass bestimmte Medikamente die histaminabbauenden Enzyme über einen längeren Zeitraum hemmen. Ebenfalls können verschiedene Medikamente die Histaminfreisetzung steigern. Eine Tabelle der zu vermeidenden Arzneien finden Sie nachfolgend.

Aber bitte niemals ein Medikament ohne Absprache mit einem Arzt absetzen!

Substanzklasse	Wirkstoffe	Beispiele
Analgetika	ASS Metamizol Morphin NSAR	Aspirin Buscopan comp.

	Pethidin	Novalgin
Antibiotika	Cefotiam Cefuroxim Clavulansäure Chloroquin Isoniazid Penta- midin	Amoclav Amoxiclav Augmentan Aziclav Curocef Elobact Infecto Supra- mox Isozid Resochin Xiclav Zinacef Zinnat **u. v. m!**
Antidepressiva	Amitriptylin	Limbritol Saroten Tryptizol
Antihypertensiva	Alprenolol Dihydralazin Verapamil	Isoptin
Antihypotonika	Dobutamin	Inotop
Antiarrhythmika	Propafenon	Rythmol
Broncholytika	Aminophyllin	Euphyllin Mundiphyllin Myocardon

Diuretika	Amilorid	Amiloretik
		Comilorid
		Diaphal
		Diursan
H2-Rezeptoranta-gonisten	Cimetidin	Cimetag
		CimLich
		Neutromed
		Ulcostad
Lokalanästhetika	Prilocain	Emla
		Xylonest
Motilitätsbeein-flussende Mittel	Metoclopramid	Cerucal
		Gastronerton
		Gastrosil
		Geffer
		Metogastron
		Paspertin
		Primperan
Muskelrelaxan-tien	Alcuronium	Alloferin
	Pancuronium	Pavulon
Mukolytika	Acetylcystein	ACC
	Ambroxol	Aeromuc
		Ambrobene
		Helvetussin
		Mucosolvan
Narkotika	Thiopental	Pentothal (CH)

		Trapanal (D)
Röntgenkontrast-mittel		
Zytostatika	Cyclophospha-mid	Endoxan

Die Vollständigkeit dieser Liste kann nicht gewährt werden, da stetig Änderungen und neue Produkte auf den Markt kommen. Bitte immer mit einem Arzt absprechen!

Tipps

Probieren Sie ruhig aus, was Ihnen gut tut – aber bitte vorsichtig! Bleiben Sie auf jeden Fall bei den histaminarmen Lebensmitteln und nutzen Sie Ihr Ernährungstagbuch zur Dokumentation.

Versuchen Sie, möglichst die kritischen Lebensmittel zeitversetzt zu probieren, beispielsweise morgens ein Stück Wurst und nachmittags eine Cocktailtomate. Es kommt immer auf die Gesamtmenge des Histamins in Ihrem Organismus an. Wenn Sie die Nahrungsmittel zeitlich versetzt zu sich nehmen, geben Sie Ihrem Körper damit die Möglichkeit, das Histamin in der Zwischenzeit abzubauen.

Sämtliche Speisen sollten so frisch wie möglich verzehrt werden. Vor allem Nahrungsmittel, die Eiweiß enthalten (Fleisch, Fisch), sollten nicht wieder aufgewärmt werden, da die Kühlkette unterbrochen wurde und der Zerfallprozess eingesetzt hat. Es wird viel Histamin freigesetzt. Die Regel ist hier: Je länger ein Lebensmittel steht oder reift, desto mehr Histamin wird von den Bakterien gebildet.

Fisch und Fleisch unbedingt immer vor der Weiterverarbeitung abwaschen. Das gute ist nämlich: Histamin ist wasserlöslich! So können Sie einen Teil bereits vor dem Verzehr ganz einfach abspülen.

Da das Histamin wasserlöslich ist, können Sie Ihren Körper in dieser Hinsicht unterstützen: Trinken Sie viel Wasser über den Tag. Ein guter Richtwert ist 35 Milliliter Wasser pro Kilogramm Körpergewicht.

Unterstützen Sie Ihren Organismus mit natürlichen Antihistaminika. Der Wirkstoff Quercetin beispielsweise wirkt entzündungshemmend und hemmt die Ausschüttung des Histamins bzw. fördert dessen Abbau. Quercetin findet sich in Brombeeren, schwarzen Holunderbeeren, Äpfeln und Preiselbeeren. Sollten die Obstsorten saisonal bedingt nicht in Ihrem Lebensmittelmarkt verfügbar sein, können Sie hier ganz einfach auch auf die jeweiligen Direktsäfte zurückgreifen.

Vitamin C neutralisiert ebenfalls den Botenstoff und wirkt gleichzeitig entzündungshemmend, besonders viel davon kommt in Brokkoli, Blumenkohl, Paprika und Petersilie vor. Es gibt auch bestimmte Lebensmittel, die allgemein als histaminsenkend gelten: Kurkuma, Haferflocken, Mais, Rindfleisch, Schnittlauch und Liebstöckel.

Versuchen Sie, möglichst viele dieser Lebensmittel in Ihren täglichen Speiseplan mitaufzunehmen. Meiden Sie generell überreife oder konservierte Lebensmittel. Es ist sehr wahrscheinlich, dass sie einen sehr hohen Histamingehalt haben.

Meiden Sie Lebensmittel, die bei der Herstellung mit Mikroorgansimen versetzt werden, wie Käse und Sauerkraut. Hier sind zu viele Bakterien tätig, die Histamin herstellen.

Bei Käse gilt: Je intensiver der Geruch, desto mehr Histamin ist vorhanden. Sehr lange gegartes oder mariniertes Fleisch kann ebenfalls zu Problemen führen. Hier können Sie vorsichtig ausprobieren, wie gut Ihnen Grillfleisch, Schweinebraten, Gyros, Döner, Gulasch und Co. bekommen.

Rohwurst, wie Salami und Rohschinken, wird oft lange Zeit eingelagert und gibt den Bakterien damit die Möglichkeit, viel Histamin zu produzieren. Besser ist hier Kochwurst, wie Fleischwurst oder Kochschinken, da das rohe Fleisch umgehend verarbeitet wird. Die Histaminproduktion fällt deutlich geringer aus. Achtung auch bei geräucherten und luftgetrockneten Fleischwaren.

Kakaohaltige Lebensmittel und Süßigkeiten werden von betroffenen Personen oft nicht vertragen. Besser sind hier Bonbons oder Fruchtgummis ohne synthetische Farbstoffe. Knabbereien wie Kartoffelchips und Salzstangen ohne Hefeextrakt oder Geschmacksverstärker werden dagegen meist gut vertragen.

Anders sieht es mit Nüssen und nusshaltigen Snacks aus; hier sollten Sie wieder ausprobieren, was gut tut.

Alkohol ist grundsätzlich eher negativ zu betrachten, da es das DAO-Enzym zum Abbau des Histamins hemmt. Hier sollten Sie auch ausprobieren, meist ist aber ein Weißwein besser verträglich als ein Rotwein. Bier ist in den meisten Fällen aber höchst unverträglich.

Es kommt grundsätzlich immer auf die Gesamtmenge des Histamins im Körper an – die Toleranzgrenze dessen kann aber täglich variieren! Hormone, Stress, körperliche Betätigung, getrunkenes Wasser, der zeitliche Abstand der Mahlzeiten; all das kann die Histaminschwelle sowohl heben als auch senken.

Seien Sie geduldig mit sich selbst – was und wie viel Sie von etwas essen dürfen, ohne Symptome zu entwickeln, werden Sie mit der Zeit herausfinden.

Frühstück

VEGETARISCH

Hirsebrei mit Honig

Nährwerte: 548 kcal, 116 g Kohlenhydrate, 2.4 g Fett, 13.3 g Eiweiß

Zutaten für eine Portion:

125 g Hirse

2 TL Honig

Salz

Zubereitung:

1. Hirse in einen kleinen Topf geben und 600 ml Wasser zufügen.

2. Mit Salz würzen und unter stetigem Rühren aufkochen lassen.

3. Brei etwas quellen lassen und noch warm servieren. Mit Honig toppen.

4. Tipp: Kann am Vortag zubereitet und erneut aufgewärmt werden, ohne dass der Histaminwert nennenswert beeinflusst wird. Dazu schmecken frische Früchte.

Zucchini-Frühstücksei

Nährwerte (1 Portion): 249 kcal, 9 g Kohlenhydrate, 18 g Fett, 12 g Eiweiß

Zutaten für zwei Portionen:

1 Zucchini

1 Zwiebel

4 Eier

1 EL Milch (1,5 % Fett)

1 EL Olivenöl

10 g Basilikum

Salz

Zubereitung:

1. Zucchini schälen und klein raspeln.

2. Eier aufschlagen, Milch und Salz hinzufügen und mit einem Schneebesen in einer Schüssel gut vermischen.

3. Basilikum waschen, trocken schütteln und fein hacken. In die Ei-Mischung einrühren.

4. Zwiebeln schälen und würfeln. Anschließend in einer Pfanne in heißem Öl anbraten, bis sie goldbraun sind.

5. Zucchiniraspeln zugeben und mitdünsten.

6. Hitze reduzieren und Eimischung in die Pfanne zugeben. Umrühren und dann Ei stocken lassen.

Rührei mit Feta und Kartoffeln

Nährwerte (1 Portion): 475 kcal, 22 g Kohlenhydrate, 32 g Fett, 26 g Eiweiß

Zutaten für zwei Portionen:

4 Eier

125 g Feta

40 g Sesam

200 g Kartoffeln

Salz

Zubereitung:

1. Die Kartoffeln schälen, in mundgerechte Stücke schneiden, in einem Topf mit Salzwasser zum Kochen bringen und ca. 20 bis 30 Minuten garen.

2. Feta klein bröseln und in eine Schale geben.

3. Eier aufschlagen und ebenfalls in die Schale geben.

4. Kartoffeln und Sesam hinzufügen und alles gut durchmischen. Gegebenenfalls mit Salz würzen.

5. Mischung in eine Pfanne mit heißem Öl geben und ca. 5 bis 8 Minuten braten.

Pfannkuchen ohne Milch

Nährwerte (1 Portion): 406 kcal, 64 g Kohlenhydrate, 11 g Fett, 12 g Eiweiß

Zutaten für zwei Portionen:

200 ml Mineralwasser

140 g Dinkelmehl

2 EL Zucker

2 Eier

Öl

Salz

Zubereitung:

1. Eier aufschlagen und in eine Schüssel geben.
2. Mineralwasser hinzufügen und alles gut verrühren.
3. Zucker, Mehl und eine Prise Salz hinzufügen und vermischen.
4. Eine kleine Menge Teig in eine gefettete, heiße Pfanne geben. Wenden und von beiden Seiten ausbacken. Die Pfannkuchen sollten von beiden Seiten eine goldbraune Farbe haben.

Frischkäse-Haferlocken-Frühstück

Nährwerte (1 Portion): 310 kcal, 23 g Kohlenhydrate, 11 g Fett, 29 g Eiweiß

Zutaten für zwei Portionen:

400 g Frischkäse, körnig

6 EL Haferflocken

60 g Sauerkirschen

Zubereitung:

1. Haferflocken mit Wasser in einen Topf geben, umrühren, kurz aufkochen und ca. 5 Minuten quellen lassen.

2. Kirschen waschen, Stiele entfernen und entkernen. Eingelegte Kirschen abgießen und abspülen.

3. Frischkäse und Kirschen in die Haferflocken geben und alles gut vermischen.

VEGAN

Couscous-Brei mit Apfel

Nährwerte (1 Portion): 472 kcal, 52 g Kohlenhydrate, 23 g Fett, 12 g Eiweiß

Zutaten für zwei Portionen:

80 g Couscous

40 g Haferflocken

1 Apfel

300 g Haferdrink

50 g Hanfsamen

4 TL Leinöl

2 TL Zuckerrohrsirup

Vanillemark

Zubereitung:

1. Hafermilch mit Zuckerrohrsirup in einen Topf geben, gut durchmischen und kurz aufkochen lassen.

2. Topf vom Herd nehmen und Couscous, Vanillemark und Haferflocken hinzufügen. Gut umrühren und Mischung ziehen lassen.

3. Apfel schälen, Kerngehäuse entfernen und Frucht in kleine Würfel schneiden.

4. Apfelstücke, Hanfsamen und Leinöl zu der Couscous-Masse geben und gut durchmischen. In zwei Schüsseln servieren.

Frühstücksbrei mit Amaranth

Nährwerte (1 Portion): 512 kcal, 32 g Kohlenhydrate, 35 g Fett,
8 g Eiweiß

Zutaten für zwei Portionen:

10 EL Kokosraspeln

60 g Amaranth (gepufft)

140 ml Reismilch

2 EL Mandelmus

2 TL Reissirup

2 Msp. Vanillemark

2 Msp. Zimt

Zubereitung:

1. Reismilch mit Mandelmus, Kokosraspeln, Reissirup, Vanillemark und Zimt in einen Topf geben, gut umrühren und leicht erwärmen.

2. Topf vom Herd nehmen und den Brei in Schüsseln verteilen.

3. Vor dem Servieren mit Amaranth bestreuen.

Blaubeer-Kokos-Knuspermüsli

Nährwerte (1 Portion): 272 kcal, 29 g Kohlenhydrate, 15 g Fett, 4 g Eiweiß

Zutaten für sechs Portionen:

50 g Kokosöl

6 EL Ahornsirup

50 g Kokosraspeln

150 g Haferflocken

50 g Blaubeeren

Zubereitung:

1. Den Backofen auf 200 °C vorheizen.

2. Kokosraspeln und Haferflocken in einer Schüssel vorsichtig vermengen.

3. Das Kokosöl in einen Topf geben, schmelzen lassen und mit dem Ahornsirup vermischen.

4. Alles in eine Schüssel geben und Blaubeeren unterheben. Achtung: Die Blaubeeren möglichst nicht zerdrücken.

5. Das Müsli auf ein mit Backpapier ausgelegtes Backblech geben, verteilen und mit einem Löffel leicht andrücken.

6. Im vorgeheizten Backofen für 7 bis 10 Minuten backen. Dann mit einem Kochlöffel wenden und nochmal 5 Minuten backen.

7. Das Knuspermüsli auskühlen lassen, gegebenenfalls grob auseinander brechen und servieren oder in einer verschließbaren Dose aufbewahren.

Süße Polentaschnitten

Nährwerte (1 Portion): 278 kcal, 56 g Kohlenhydrate, 4 g Fett, 4 g Eiweiß

Zutaten für sechs Portionen:

1 l Wasser

Salz

250 g Polenta

500 g Äpfel

20 g Margarine

100 g Agavendicksaft

1 EL Rosinen

Zimt

Zubereitung:

1. In einem Topf das Wasser zum Kochen bringen und salzen. 250 g Polenta hinzufügen und rührend zu einem dicken Brei verarbeiten.

2. Den Brei in eine ofenfeste eckige Form streichen.

3. Äpfel schälen, entkernen und in kleine Würfel schneiden.

4. Die Margarine in eine Pfanne geben und Äpfel darin kurz anbraten.

5. Die Polenta sollte inzwischen fest geworden sein. In Stücke schneiden und mit den Äpfeln in einer Schüssel vermengen.

6. In einer Pfanne kurz anrösten und nach Belieben mit Agavendicksaft, Rosinen und Zimt verfeinern.

Crunchy-Müsli

Nährwerte (1 Portion): 380 kcal, 44 g Kohlenhydrate, 15 g Fett, 12 g Eiweiß

Zutaten für zwei Portionen:
100 g Dinkelflocken
50 g Mandeln
15 g Honig
10 g brauner Zucker

Zubereitung:
1. Die Haferlocken und Nüsse bei 160 °C im Backofen vorrösten. Wenn sie zu duften beginnen, herausnehmen. Achtung: Geht sehr schnell, verbrennt leicht. Am besten den Ofen nicht aus den Augen lassen.
2. Aus dem Backofen nehmen und mit dem Zucker und dem Honig vermischen.
3. Die Masse auf einem mit Backpapier ausgelegten Backblech gleichmäßig dünn verteilen.
4. Bei 160 °C 15 bis 30 Minuten backen, bis die Zutaten braun werden. Je länger es backt, desto knuspriger wird es.
5. Aus dem Ofen nehmen und komplett abkühlen lassen.
6. Das Müsli bildet eine gute Basis und kann beliebig mit weiteren Zutaten, wie Früchten oder Cornflakes, gemischt werden.
Achtung! Trockenfrüchte, z. B. Gewürze und Früchte, etwa Zimt, verbrennen schnell, wenn Sie diese mitbacken.

Hauptgerichte

FLEISCH

Dinkelspaghetti mit Rinderhack und Zucchini

Nährwerte (1 Portion): 921 kcal, 105 g Kohlenhydrate, 32 g Fett, 50 g Eiweiß

Zutaten für zwei Portionen:

300 g Dinkelspaghetti

300 g Rinderhack

1 rote Zwiebel

200 g Zucchini

Salz

Zubereitung:

1. Die Zucchini schälen und in kleine Stücke schneiden.

2. In der Zwischenzeit die Spaghetti nach Packungsangabe kochen, bis sie gar sind. Sobald sie fertig sind, abgießen und einen Schuss Olivenöl darüber geben.

3. Zwiebeln schälen und in kleine Würfel schneiden. In einer gefetteten Pfanne kurz andünsten.

4. Rinderhack in die Pfanne dazugeben und kurz unter hoher Hitze anbraten. Mit Salz würzen.

5. Zucchini in die Pfanne geben und ebenfalls kurz bei mittlerer Hitze mitbraten.

6. Nudeln mit dem Zucchinihack servieren. Gegebenenfalls etwas Bratensoße über die Nudeln gießen.

Hähnchen-Süßkartoffelpfanne

Nährwerte (1 Portion): 968 kcal, 58 g Kohlenhydrate, 56 g Fett, 55 g Eiweiß

Zutaten für zwei Portionen:

400 g Hähnchenbrust

300 g Süßkartoffeln

160 g Zucchini

100 g Hokkaidokürbis

250 ml Schlagsahne

1 kleine Zwiebel

Butter

Zubereitung:

1. Fleisch waschen und in große Stücke schneiden.
2. Kürbis aufschneiden und Kerne mit einem Löffel auskratzen. Vierteln und große Stücke aus dem Fruchtfleisch pürieren. Sie benötigen ca. 100 g Püree.
3. Zucchini schälen und in kleine Würfel schneiden.
4. Kartoffeln schälen, in Würfel schneiden und in Salzwasser kochen, bis sie gar sind. Abgießen und in eine Schüssel geben.
5. Zwiebel schälen und fein hacken. In einer Pfanne mit heißer Butter glasig andünsten.
6. Fleisch dazu geben und kräftig anbraten. Zucchini dazugeben und ebenfalls mitbraten. Hitze reduzieren und weiterbraten, bis das Fleisch gar ist.
7. Zwischenzeitlich das Kürbispüree mit der Sahne in einer Schüssel vermengen.
8. Sahnesoße und Süßkartoffel in die Pfanne geben, alles kurz aufkochen und servieren.

Putenhackfleisch-Paprikapfanne

Nährwerte (1 Portion): 916 kcal, 17 g Kohlenhydrate, 63 g Fett, 65 g Eiweiß

Zutaten für zwei Portionen:

400 g Putenhackfleisch

2 Paprika

1 Zucchini

200 g Frischkäse

200 g Feta

1 EL Milch

Curry

Thymian

Salz

Zubereitung:

1. Paprika waschen, entkernen und in schmale Streifen schneiden.
2. Zucchini schälen und würfeln.
3. In einer Pfanne Öl heiß werden lassen und Hackfleisch mit Curry und Salz anbraten.
4. Thymian waschen, trocken schütteln, fein hacken und ebenfalls zum Fleisch geben.
5. Paprika und Zucchini in die Pfanne geben, gut umrühren und bei Bedarf nachwürzen.
6. Frischkäse und Milch in die Pfanne geben, kurz erhitzen und schließlich servieren.
7. Feta zum Garnieren darüber streuen.

Rindfleisch mit Karottensoße

Nährwerte (1 Portion): 322 kcal, 102 g Kohlenhydrate, 10 g Fett, 37 g Eiweiß

Zutaten für sechs Portionen:

Öl

6 Rostbraten

500 g gelbe Rüben

1 kg Karotten

1 Stange Lauch

Petersilie

½ Knolle Sellerie

Salz

1 Teelöffel Sardellenpaste

Zubereitung:

1. Rindfleisch kurz scharf in Öl anbraten.

2. Gemüse schälen und würfeln.

3. Fleisch und obenauf Gemüse in einen Druckkochtopf legen und kräftig mit Salz und Sardellenpaste würzen.

4. Topf fest verschließen und ca. 35 Minuten bei mittlerer Hitze garen.

5. Nachdem der Topf nicht mehr unter Druck steht, öffnen, Fleisch herausnehmen und Gemüse mit einem Pürierstab pürieren. Eventuell nachwürzen und als Soße mit dem Fleisch servieren.

Gänsebraten

Nährwerte (1 Portion): 2244 kcal, 47 g Kohlenhydrate, 187 g Fett, 91 g Eiweiß

Zutaten für sechs Portionen:

1 Gans, ca. 4 kg (pro Kilogramm wird ca. 1 Stunde Garzeit berechnet)

Salz

2 kg säuerliche Äpfel

2 EL getrockneter Majoran

Zubereitung:

1. Äpfel waschen und Kerngehäuse entfernen. Gegebenenfalls vierteln.

2. Backofen auf 200 °C vorheizen.

3. Die ausgenommene, küchenfertige Gans abspülen, trocken tupfen und die leicht wegstehenden, inneren Fettpolster abziehen.

4. Die Gans komplett, sowohl innen als auch außen, gut mit Majoran und Salz einreiben.

5. Den Bauch der Gans mit Äpfeln füllen und in eine ausreichend große Ofenform legen, mit der Brust nach unten.

6. Die Form ca. 2 cm hoch mit Wasser befüllen und in den Ofen geben.

7. Während des Bratens entsteht ein Bratensaft, diesen immer wieder über das Fleisch gießen.

8. Nach der Hälfte der Garzeit (nach ca. 2 Stunden) die Haut mit einer Gabel mehrmals einstechen und die Gans wenden. So kann das Fett gut austreten und die Haut wird knusprig braun.

9. Nach der Garzeit die Gans aus dem Ofen nehmen und das Fett abgießen.

10. Den Bratenrückstand mit etwas Wasser aufgießen und einreduzieren. Kann man als Soße zur Gans reichen.

Quinoa-Pfanne mit Hack und Gemüse

Nährwerte: 617 kcal, 49 g Kohlenhydrate, 30 g Fett, 31 g Eiweiß

Zutaten für vier Portionen:

200 g Quinoa

400 g Hackfleisch (Rind)

3 Paprikaschoten

5 Möhren

2 EL Öl

1 TL Paprikapulver

Salz

10 g Pfefferminze (frisch)

300 g Naturjoghurt

Zubereitung:

1. Quinoa abspülen und in 500 ml gesalzenem Wasser zum Kochen bringen. 10 Minuten bissfest garen und abtropfen lassen.
2. In der Zwischenzeit Hackfleisch mit Öl in der Pfanne anbraten.
3. Paprika waschen, entkernen und in kleine Würfel schneiden.
4. Möhren abspülen, schälen und in feine Scheibchen schneiden.
5. Öl in einer weiteren Pfanne erhitzen und das Gemüse darin kurz anbraten.
6. Hackfleisch und Quinoa unterrühren und mit Salz und Paprikapulver würzen.
7. Pfefferminze waschen und fein hacken. Mit dem Naturjoghurt verrühren und gegebenenfalls mit Salz würzen.
8. Quinoapfanne mit dem Joghurt anrichten und servieren.

Chili con Carne

Nährwerte: 548 kcal, 116 g Kohlenhydrate, 2.4 g Fett, 13.3 g Eiweiß

Zutaten für vier Portionen:

200 g Reis

2 Paprika (rot)

50 g Paprikapaste (mild)

150 g Mais

3 Karotten

400 g gemischtes Hack

2 Zwiebeln

2 Knoblauchzehen

1 EL Olivenöl

1 Becher Saure Sahne (30 % Fett)

Salz

1 TL Zucker

5 g Lorbeerblätter

Zubereitung:

1. Reis nach Packungsanleitung kochen.
2. In der Zwischenzeit Paprika und Karotten würfeln, Zwiebeln und Knoblauch fein hacken, Mais abgießen.
3. Olivenöl in einer Pfanne erhitzen und Möhren mit den Zwiebeln und dem Knoblauch andünsten.
4. Hackfleisch zugeben und gegebenenfalls beim Braten zerkleinern. Hier eignet sich ganz einfach ein Kochlöffel.

5. Paprika, Paprikapaste, Salz, Zucker, Lorbeerblätter und Oregano zugeben und 15 Minuten garen.

6. Mais zufügen und weitere 5 Minuten garen.

7. Reis und Saure Sahne in Schüsseln geben und zum Chili servieren.

Gefüllte Paprika

Nährwerte (1 Portion): 430 kcal, 22 g Kohlenhydrate, 24 g Fett, 27 g Eiweiß

Zutaten für vier Portionen:

4 Paprika (rot)

50 g Quinoa

2 Zwiebeln

200 g Feta

4 Möhren

300 g Hackfleisch (gemischt)

1 Ei

1 TL Kokosöl

Salz

Gemüsebrühe (hefefrei, glutenfrei, ohne Glutamat)

15 g Basilikum (frisch)

Zubereitung:

1. Backofen auf 180 °C vorheizen.

2. Paprika waschen, der Länge nach halbieren und entkernen. Mit der Schnittfläche nach unten auf ein mit Backpapier ausgelegtes Backblech legen und ca. 10 bis 12 Minuten backen. Dann herausnehmen und kurz abkühlen lassen. Backofen nicht ausschalten!

3. Quinoa nach Packungsanleitung kochen.

4. Zwiebeln schälen und in kleine Würfel schneiden.

5. Feta würfeln und Möhren mit einer Reibe fein raspeln.

6. Hackfleisch in Kokosöl anbraten, Zwiebeln und Möhren dazugeben und kurz weiterbraten.

7. Hackfleischmasse mit dem Ei, Quinoa und Feta in eine Schüssel geben und vermengen. Mit Salz kräftig würzen.

8. Paprikahälften in eine Auflaufform legen und mit der Masse füllen. Ca. 2 cm hoch Gemüsebrühe in die Auflaufform füllen und alles ca. 30 Minuten im Backofen garen.

9. Paprika mit Basilikum toppen und servieren.

Kartoffelmuffins

Nährwerte (1): 143 kcal, 16 g Kohlenhydrate, 6 g Fett, 6 g Eiweiß

Zutaten für zwölf Stück:

200 g Kartoffeln (mehligkochend)

150 g Putenschnitzel

60 g Butter

150 ml Milch

1 Ei

1 EL Öl

200 g Mehl

2 TL Backpulver

Salz

1 Zweig Rosmarin

Zubereitung:

1. Kartoffeln schälen und ganz in kochendem Salzwasser ca. 15 Minuten garen. Abgießen und abkühlen lassen.

2. Putenschnitzel abspülen, trocken tupfen und in kleine Würfel schneiden.

3. Öl in einer Pfanne erhitzen und Fleisch kurz mit hoher Hitze anbraten.

4. Den Rosmarin waschen, trocken tupfen und fein hacken.

5. Backpulver und Mehl in einer Schüssel mischen und die geschmolzene Butter dazugeben.

6. Kalte Kartoffeln mit einer Reibe grob raspeln, in eine Schüssel geben und mit dem Ei, dem Fleisch und dem Rosmarin zum Mehl geben und alles miteinander verkneten. Mit Salz würzen.

7. Die Milch langsam einrühren, sodass ein klebriger Teig entsteht.

8. Muffinform vorbereiten und mit Papierbackförmchen oder etwas Fett einpinseln.

9. Teig in die Förmchen verteilen.

10. In den Backofen geben und ca. 20 Minuten bei 200 °C backen. Der Ofen muss nicht vorgeheizt werden.

11. Die Muffins können noch warm gegessen werden.

Eierpfannkuchen mit Spargel

Nährwerte (1 Portion): 587 kcal, 63 g Kohlenhydrate, 24 g Fett, 27 g Eiweiß

Zutaten für zwei Portionen:

200 g weißer Spargel

Salz

80 g gekochter Schinken

150 g Mehl

2 Eier

frisch geriebene Muskatnuss

250 ml Milch

1-2 EL Öl

Zubereitung:

1. Spargel waschen, schälen und bissfest kochen. Dann abgießen, kurz auskühlen lassen und in mundgerechte Stücke schneiden.

2. Den Schinken würfeln.

3. Milch, Eier, Mehl, Muskat und eine Prise Salz in einer Schüssel mit einem Schneebesen zu einem glatten Teig verrühren.

4. Öl in einer Pfanne erhitzen und die Hälfte des Teiges hineingeben. Durch Schwenken gleichmäßig am Pfannenboden verteilen.

5. Sofort mit der Hälfte des Spargels und dem Schinken belegen.

6. 2 bis 3 Minuten braten, dann wenden und von der anderen Seite ausbacken.

7. Auf die gleiche Arte den zweiten Eierkuchen braten. Sie sollten von beiden Seiten leicht gebräunt sein.

Scharfes Rindfleisch mit Gemüse

Nährwerte (1 Portion): 735 kcal, 75 g Kohlenhydrate, 29 g Fett, 37 g Eiweiß

Zutaten für zwei Portionen:

150 g Basmatireis

250 g mageres Rindfleisch (z. B. Filet oder Steak)

250 g Möhren

1 mittelgroße Zucchini

2 dünne Stangen Staudensellerie

1 Zwiebel

1 Knoblauchzehe

100 ml Sahne

1 TL edelsüßes Paprikapulver

2 EL Öl

Chilipulver

Salz

Zubereitung:

1. Reis nach Packungsangabe kochen.

2. Fleisch kalt abspülen, mit einem Küchentuch trocken tupfen und in dünne Streifen schneiden.

3. Öl in einer beschichteten Pfanne erhitzen und Fleisch scharf anbraten. Mit Chilipulver und Salz würzen.

4. Zwiebeln und Knoblauch schälen, würfeln, zum Fleisch in die Pfanne geben und mitbraten.

5. Sellerie und Möhren waschen und in dünne Scheiben schneiden.

6. Gemüse in die Pfanne zum Fleisch geben und 100 ml Wasser zugießen. Alles zugedeckt ca. 5 Minuten bei schwacher Hitze garen.

7. Sahne zufügen und gegebenenfalls mit Chilipulver und Salz abschmecken.

8. Mit dem Reis servieren.

Hühnersalat

Nährwerte (1 Portion): 744 kcal, 11 g Kohlenhydrate, 47 g Fett, 69 g Eiweiß

Zutaten für eine Portion:

125 g Frischkäse

100 g Joghurt

250 g Hühnerbrustfilet

1 EL Öl

1 TL Cayennepfeffer

Salz

Zubereitung:

1. Das Hühnerfilet in einer Pfanne mit Öl etwas anbraten. Aus der Pfanne nehmen und abkühlen lassen.

2. Joghurt und Frischkäse miteinander verrühren und mit Pfeffer und Salz würzen.

3. Hühnerfilet in Scheiben schneiden, in die Joghurt-Frischkäse-Masse geben und gut vermischen.

Hühnerfilet in Kokosmilch

Nährwerte (1 Portion): 414 kcal, 11 g Kohlenhydrate, 20 g Fett, 47 g Eiweiß

Zutaten für zwei Portionen:

1 Zwiebel

2 EL Butter

400 g Hühnerfilet

75ml Kokosmilch

1 TL Currypulver

50 g Mango

Salz

Zubereitung:

1. Zwiebel schälen und fein würfeln.

2. Mango schälen und ebenfalls in kleine Würfel schneiden.

3. In einem Kochtopf Butter erhitzen und Zwiebel glasig andünsten.

4. Fleisch hinzufügen und braten.

5. Mango hinzufügen, kurz mitbraten und mit der Kokosmilch ablöschen.

6. 10 Minuten bei schwacher Hitze köcheln lassen.

7. Mit Salz abschmecken und ca. 30 Minuten kochen lassen. Damit nichts anbrennt, stetig rühren.

FISCH

Lachs-Auflauf mit Kartoffeln

Nährwerte (1 Portion): 810 kcal, 52 g Kohlenhydrate, 46 g Fett, 45 g Eiweiß

Zutaten für zwei Portionen:

550 g Kartoffeln

200 g Lachs

100 ml Schlagsahne

100 ml Milch (3,5 % Fett)

100 g Gouda

20 g frischer Dill

Zubereitung:

1. Fisch waschen und trocken tupfen. Anschließend in große Stücke teilen.

2. Dill waschen und klein hacken, Käse mit der Reibe klein reiben.

3. Kartoffeln schälen und in grobe Stücke schneiden.

4. Fisch, Kartoffeln, Schlagsahne und Milch in eine ofenfeste Form geben. Mit Käse und Dill garnieren und ca. 30 Minuten in den vorgeheizten Backofen stellen. (180 °C Umluft)

5. Wenn die Kartoffeln gar sind, kann serviert werden. Gegebenenfalls mit frischen Kräutern toppen.

Knuspriger Kartoffelfisch

Nährwerte (1 Portion): 485 kcal, 40 g Kohlenhydrate, 17 g Fett, 40 g Eiweiß

Zutaten für vier Portionen:

800 g Kartoffeln

2 EL Kartoffelstärke

4 Zanderfilets

1 Ei

2 EL Butter

2 EL Olivenöl

1 Becher Sauerrahm

1 Bund Petersilie

1 Bund Schnittlauch

Salz

Zubereitung:

1. Kartoffeln schälen und fein raspeln. In ein Sieb geben, Flüssigkeit ausdrücken und auflockern.

2. Masse mit Salz würzen und in 4 Portionen teilen.

3. Fischfilets salzen. Dann in Kartoffelstärke und Ei wenden. Zuletzt in den Kartoffelraspeln wenden, dabei auf beiden Seiten fest andrücken.

4. Butter mit Öl erhitzen und die panierten Fische beidseitig ca. 5 Minuten braten.

5. Für die Sauce Schnittlauch hacken und Petersilie klein zupfen. Mit Sauerrahm vermengen und mit Salz abschmecken.

Kabeljau mit Zucchini, Kartoffeln und Rote Bete

Nährwerte (1 Portion): 485 kcal, 40 g Kohlenhydrate, 17 g Fett, 40 g Eiweiß

Zutaten für zwei Portionen:

600 g Kabeljaufilet

150 g Kartoffeln

150 g Rote Bete (frisch)

200 g Zucchini

2 EL Olivenöl

Salz

3 g Basilikum (frisch)

3 g Rosmarin (frisch)

Zubereitung:

1. Kartoffeln und Rote Bete schälen, Zucchini putzen und alles würfeln.

2. Basilikum und Rosmarin fein hacken.

3. Olivenöl in einem Topf erhitzen, Kartoffelwürfel dazu geben und 5 Minuten mit geschlossenem Deckel auf mittlerer Hitze garen.

4. Zucchini und Rote Bete hinzugeben, Hitze reduzieren und ca. 5 bis 6 Minuten weitergaren.

5. In der Zwischenzeit Backofen auf 190 °C vorheizen.

6. Kabeljaufilets in eine gefettete, ofenfeste Form geben und kräftig mit Salz würzen.

7. Gemüse mit Kräutern vermengen und ebenfalls in einer Auflaufform zum Fisch in den Backofen stellen.

8. 15 bis 20 Minuten garen und servieren.

Lachs-Kartoffel-Auflauf

Nährwerte (1 Portion): 729 kcal, 49 g Kohlenhydrate, 41 g Fett, 38 g Eiweiß

Zutaten für drei Portionen:

800 g Kartoffeln

250 g Lachs (tiefgefroren)

150 ml Schlagsahne 30 % Fett

100 ml Milch 3,5 %

125 g Gouda (jung)

30 g Dill (frisch)

Salz

Zubereitung:

1. Lachs auftauen und würfeln.

2. Ofen vorheizen auf 200 °C.

3. Kartoffeln ca. 10 Minuten kochen, abgießen, in Scheiben schneiden und in eine ausreichend große, ofenfeste Form schichten.

4. Lachswürfel unter den Kartoffelscheiben verteilen.

5. Sahne, Milch, Kräuter und Gewürze vermengen und über die Kartoffeln geben.

6. Auflauf mit Käse bestreuen und ca. 30 Minuten backen. Der Auflauf ist fertig, wenn die Kartoffeln gar sind.

Lachs im Knuspermantel

Nährwerte (1 Portion): 729 kcal, 49 g Kohlenhydrate, 41 g Fett, 38 g Eiweiß

Zutaten für zwei Portionen:

250 g Lachsfilet

15 g Butter

50 ml Milch

60 g Mehl

1 Ei

½ Bund Dill

Salz

Zubereitung:

1. Die Butter schmelzen. Milch, Ei und Mehl dazugeben und alle Zutaten mit dem Schneebesen zu einem dickflüssigen Teig verrühren. Mit Salz würzen.

2. Dill waschen, trocken schütteln, fein hacken und dem Teig zugeben.

3. Teig ca. 30 Min. quellen lassen.

4. Lachs kalt abspülen, trocken tupfen, salzen und in grobe Würfel schneiden.

5. Die Lachswürfel vollständig in den Teig eintauchen. Sie sollten von allen Seiten mit Teig bedeckt sein.

6. Ein Backblech mit Backpapier belegen. Die Fischstücke auf dem Backblech verteilen und im nicht vorgeheizten Ofen bei 200 °C ca. 20 Min. backen. Wenn der Knuspermantel braun ist, ist das Gericht fertig.

Gebackener Pangasius mit Senfkruste

Nährwerte (1 Portion): 101 kcal, 0 g Kohlenhydrate, 2 g Fett, 21 g Eiweiß

Zutaten für zwei Portionen:

250 g Pangasiusfilet

1 EL Zitronensaft

Salz

1/2 Bund Schnittlauch

1 EL mittelscharfer Senf

2 Eiweiße

Zubereitung:

1. Fisch kalt abspülen, trocken tupfen, in große Würfel schneiden, mit etwas Zitronensaft beträufeln und salzen.

2. Schnittlauch waschen, trocken tupfen und fein hacken.

3. Schnittlauch mit Fischwürfeln und dem Senf in einer Schüssel vermengen.

4. Eiweiße mit einem Handrührgerät steif schlagen und unter die Fischwürfel heben.

5. Die Fischwürfel im Backofen bei 220 °C ca. 15 Min. goldgelb backen. Der Backofen muss nicht vorgeheizt werden.

Reisnudeln mit Lachs

Nährwerte (1 Portion): 978 kcal, 129 g Kohlenhydrate, 29 g Fett, 41 g Eiweiß

Zutaten für vier Portionen:

2 Zwiebeln

300 g Reisnudeln

200 g frischer Lachs

80 ml Weißwein

800 ml Wasser

1 Prise Salz

2 EL Schafskäse

1 EL Olivenöl

Zubereitung:

1. Die Zwiebeln schälen und würfeln.

2. Lachs waschen, trocken tupfen und in mundgerechte Stücke schneiden.

3. Zwiebeln kurz andünsten und den Lachs hinzufügen.

4. Alles kurz anbraten und mit dem Weißwein ablöschen.

5. Jetzt das Wasser zugeben und die Reisnudeln zufügen.

6. Abdecken und ca. 20 Minuten bei mittlerer Hitze garen.

7. Schafkäse in Würfel schneiden und vor dem Servieren vorsichtig unterheben.

Fischsuppe

Nährwerte (1 Portion): 378 kcal, 22 g Kohlenhydrate, 9 g Fett, 48 g Eiweiß

Zutaten für vier Portionen:

400 g tiefgekühlter Fisch (verschiedene Sorten)

1 EL Paprikapulver

500 ml Wasser

1 EL Öl

2 Zwiebeln

1 Karotte

1 Kartoffel

Salz

Petersilie, frisch

Zubereitung:

1. Den Fisch auftauen und in kleine Stücke schneiden. Gerne verschiedene Sorten verwenden! Hier eignen sich Filets am besten, da sie wenige bis gar keine Gräten haben.
2. Zwiebeln schälen und fein hacken.
3. Kartoffeln schälen und in Würfel schneiden.
4. Karotte waschen und klein raspeln.
5. Öl in einer Pfanne erhitzen und das Gemüse bei schwacher Hitze andünsten.
6. Mit Wasser aufgießen, Paprikapulver und Salz zufügen, umrühren und Fischstücke hinzugeben.
7. Ca. 1 Stunde auf kleiner Hitze kochen und alles mit einem Pürierstab pürieren.
8. Suppe kurz aufkochen und servieren.

Dinkelvollkornspaghetti mit Lachs

Nährwerte (1 Portion): 302 kcal, 34 g Kohlenhydrate, 13 g Fett, 12 g Eiweiß

Zutaten für zwei Portionen:

50 g Lachs (tiefgefroren)

60 g Dinkelvollkornspaghetti

250 ml Wasser

4 EL Dinkelmehl

1 TL Butter

40 ml Schlagsahne

Salz

Zubereitung:

1. Lachs auftauen lassen und in Würfel schneiden.

2. Butter in einen Topf geben und das Dinkelmehl kurz andünsten. Mit Wasser ablöschen.

3. Spaghetti und Sahne hinzugeben und aufkochen.

4. Nach 15 bis 20 Minuten den Lachs unterheben und weitere 5 bis 8 Minuten köcheln, bis der Lachs gar ist. Mit Salz würzen.

VEGETARISCH

Paprika-Spiegelei

Nährwerte (1 Portion): 446 kcal, 18 g Kohlenhydrate, 32 g Fett, 18 g Eiweiß

Zutaten für zwei Portionen:

4 Eier

3 Paprika

2 EL Rapsöl

Salz

3 EL Sesam

Zubereitung:

1. Paprika waschen und im Ganzen entkernen. Aus der Mitte der Paprika 4 geschlossene Ringe schneiden.
2. Andere Hälfte der Paprika in kleine Würfel scheiden.
3. Öl in eine Pfanne geben und Paprikawürfel kurz scharf anbraten. Aus der Pfanne nehmen und beiseitestellen.
4. Paprikaringe in die Pfanne legen und die Eier vorsichtig in die Mitte einfüllen. Ei mit Salz würzen.
5. Nach ca. 4 Minuten aus der Pfanne nehmen und mit den gebratenen Paprikawürfeln servieren. Mit Sesam bestreuen.

Hüttenkäse-Salat

Nährwerte: 375 kcal, 19 g Kohlenhydrate, 18 g Fett, 30 g Eiweiß

Zutaten für eine Portion:

200 g Hüttenkäse

1 Salatgurke

1 Paprika (rot)

1 EL Leinöl (nativ, Bio)

Salz

10 g Petersilie (frisch)

Zubereitung:

1. Paprika und Gurke waschen und jeweils in kleine Würfel schneiden.

2. Petersilie waschen, trocken schütteln und klein zupfen.

3. Leinöl und Salz unter das Gemüse rühren und Hüttenkäse unterrühren. Mit Salz würzen und mit Petersilie garnieren.

Kräuterpfannkuchen

Nährwerte (1 Portion): 442 kcal, 48 g Kohlenhydrate, 22 g Fett,
13 g Eiweiß

Zutaten für vier Portionen:

250 g Dinkelmehl (Type 630)

3 Eier

350 ml Milch, 3,5 %

5 g Basilikum (frisch)

5 g Petersilie (frisch)

3 g Dill (frisch)

1 Rote Zwiebel

Salz

5 EL Rapsöl

Zubereitung:

1. Dinkelmehl, Milch, Eier, Salz und mit einem Mixer zu einem Teig verrühren und etwa 20 bis 30 Minuten quellen lassen.

2. In der Zwischenzeit Zwiebel schälen und fein hacken.

3. Kräuter waschen und ebenfalls klein hacken und mit den Zwiebeln unter den Teig rühren.

4. In einer Pfanne Öl erhitzen und den Teig mit einer Kelle in die Pfanne geben.

5. Die Pfannkuchen von beiden Seiten ausbacken. Es ergeben sich ca. 4 große oder 8 kleine Pfannkuchen.

Zucchini-Puffer

Nährwerte (1 Portion): 397 kcal, 10 g Kohlenhydrate, 25 g Fett, 29 g Eiweiß

Zutaten für zwei Portionen:

1 Zucchini

1 Zwiebel

1 Ei

50 g Gouda (jung)

60 g Mandelmehl

1 EL Frischkäse

2 EL Öl

Salz

Zubereitung:

1. Zucchini waschen und mit einer Reibe klein raspeln.

2. Raspeln in ein Sieb geben, mit etwas Salz mischen und ca. 15 Minuten ziehen lassen. Dann auspressen, um möglichst viel Wasser zu entziehen.

3. Käse reiben, Zwiebeln schälen und klein hacken.

4. Käse, Zwiebel, Frischkäse und Ei verrühren.

5. Zucchiniraspeln zu der Ei-Mischung geben und vermengen. Sollte sie zu flüssig sein, Mandelmehl ergänzen.

6. In einer Pfanne etwas Öl erhitzen, kleine Zucchinihäufchen hineinsetzen und etwas flach drücken.

7. Von beiden Seiten goldbraun braten.

Vegetarische Lasagne

Nährwerte (1 Portion): 648 kcal, 68 g Kohlenhydrate, 28 g Fett, 28 g Eiweiß

Zutaten für vier Portionen:

Lasagneblätter (eifrei)

100 g Zucchini

250 g Paprika (rot)

150 g Champignons

200 g Karotten

2 Zwiebeln

3 EL Olivenöl

100 ml Sahne, 30 %

1 TL Gemüsebrühe (hefefrei, glutenfrei, ohne Glutamat)

Oregano

Salz

200 g Gouda (jung)

Zubereitung:

1. Zucchini waschen und grob raspeln, Champignons putzen, Stiele entfernen und in Scheiben schneiden.

2. Karotten waschen, schälen und in Scheiben schneiden.

3. Paprika waschen, entkernen und in kleine Würfel schneiden.

4. Gouda reiben.

5. Zwiebeln schälen, fein hacken und in einer Pfanne mit Olivenöl kurz anschwitzen.

6. Gemüse dazugeben, mit Brühe, Oregano und Salz abschmecken und kurz köcheln lassen.

7. Sahne unterrühren.

8. Eine ofenfeste Auflaufform dünn mit Öl bestreichen und etwas von der Gemüse-Lasagnesoße einfüllen. Lasagneblätter darauf legen und abwechselnd mit Soße, Käse und Lasagneplatten befüllen.

9. Die letzte Schicht sollte Gemüse sein und mit reichlich Käse bestreut werden.

10. Im vorgeheizten Ofen bei 200 °C ca. 35 Minuten backen.

Gemüse-Nudelpfanne mit Feta

Nährwerte (1 Portion): 546 kcal, 68 g Kohlenhydrate, 16 g Fett, 25 g Eiweiß

Zutaten für zwei Portionen:

220 g Dinkelvollkorn Spirelli

1 Zucchini

1 Paprika (rot)

1 Zwiebel

150 g Champignons

100 g Feta (Ziegenmilch)

1 EL Frischkäse

50 ml Wasser

Rosmarin

Salz

1 TL Rapsöl (raffiniert)

Zubereitung:

1. Dinkel-Nudeln nach Packungsanleitung kochen und abtropfen lassen.

2. Zwiebel schälen und fein hacken.

3. Paprika, Zucchini und Champignons waschen und klein schneiden.

4. Rapsöl in einer Pfanne erhitzen und Zwiebeln glasig andünsten.

5. Zucchini und Paprika in die Pfanne dazugeben und ca. 8 Minuten mitbraten.

6. Champignons am Ende zufügen.

7. Frischkäse, die Hälfte des Feta, Wasser, Rosmarin und Salz dazugeben und verrühren.

8. Fertige Dinkelnudeln unterrühren und alles salzen.

9. Restlichen Feta vor dem Servieren über die Spaghetti streuen.

Paprika-Quiche

Nährwerte (1 Portion): 570 kcal, 36 g Kohlenhydrate, 37 g Fett, 21 g Eiweiß

Zutaten für sechs Portionen:

125 g Butter

250 g Dinkelmehl

Salz

4 EL Wasser

5 Zweige Thymian (frisch)

400 g Feta (Ziegenmilch)

200 g Quark

3 Eier

Muskatnuss (gerieben)

3 Paprika (rot)

Zubereitung:

1. Butter, Dinkelmehl, Wasser und eine Prise Salz in eine Schüssel geben und mit den Händen verkneten, bis ein glatter, geschmeidiger Teig entsteht.

2. Eine Quicheform (ca. 28 cm Durchmesser) mit dem Teig auskleiden. Am Rand nach oben drücken.

3. Paprika waschen, entkernen und würfeln.

4. Thymian waschen und klein zupfen.

5. Quark mit Feta und Eiern im Mixer zu einer cremigen Füllung rühren und mit etwas Muskat und Salz abschmecken.

6. Paprika und Thymian unter die Masse heben und alles auf den Teig in die Form füllen.

7. Backofen auf 180 °C vorheizen.

8. Die Paprika-Quiche für ca. 50-60 Minuten backen.

9. Die Quiche ist fertig, wenn sie schön goldbraun ist. Warm oder kalt genießen.

Dinkel-Mangold-Gnocchi

Nährwerte (1 Portion): 530 kcal, 63 g Kohlenhydrate, 19 g Fett, 20 g Eiweiß

Zutaten für zwei Portionen:

450 g Mangold (tiefgefroren)

250 g Dinkelvollkornbrot

2 Eier

2 EL Butter

10 g Salbei (frisch)

30 g Butterkäse

Salz

Zubereitung:

1. Mangold auftauen und sehr fein hacken.

2. Salbei waschen und ebenfalls fein hacken.

3. Dinkelbrot zerbröseln.

4. Mangold, Dinkelbrösel und Eier in eine große Schüssel geben und eine Prise Salz zufügen.

5. Alles zu einem glatten Teig verrühren.

6. Aus dem Teig Gnocchi formen.

7. Wasser salzen, aufkochen und vom Herd nehmen. Gnocchi in das heiße (nicht mehr kochende!) Wasser geben.

8. Wenn die Gnocchi an der Oberfläche schwimmen, sind sie gar. Vorsichtig mit einer Kelle aus dem Wasser heben.

9. In einer Pfanne etwas Butter erhitzen und Gnocchi mit dem Salbei kurz anbraten.

10. Vor dem Servieren Butterkäse über die Nocken reiben.

Brokkoli-Kartoffelauflauf

Nährwerte (1 Portion): 506 kcal, 61 g Kohlenhydrate, 16 g Fett, 22 g Eiweiß

Zutaten für vier Portionen:

1 kg Kartoffeln

3 Zwiebeln

600 g Brokkoli

150 g Butterkäse

3 EL Dinkelvollkornmehl

1 EL Sonnenblumenöl

150 ml Sahne, 30 %

30 g Petersilie (frisch)

20 g Schnittlauch (frisch)

Kümmel (gemahlen)

Muskatnuss (gerieben)

Salz

50 ml Wasser

Zubereitung:

1. Die Kartoffeln waschen und in Salzwasser kochen. Anschließend schälen und in Scheiben schneiden.
2. Brokkoli waschen und klein schneiden. In einem Topf mit Salzwasser bis zur Bissfestigkeit garen.
3. Die Zwiebeln schälen, fein hacken und in Öl anbraten.

4. Petersilie und Schnittlauch waschen, fein hacken und zusammen mit Wasser, Sahne, Mehl und einer Prise Salz in die Pfanne geben, gut verrühren und andicken lassen.

5. In eine Auflaufform abwechselnd Kartoffelscheiben, Sahne-Zwiebel-Kräuter-Soße und Brokkoli schichten. Die oberste Schicht sollte die Soße bilden.

6. Käse reiben und über den Auflauf streuen.

7. Kräuter-Brokkoli-Auflauf bei 180 °C ca. 20 Minuten im Backofen backen.

Gemüse-Auflauf

Nährwerte (1 Portion): 597 kcal, 45 g Kohlenhydrate, 16 g Fett, 37 g Eiweiß

Zutaten für zwei Portionen:

150 g Frischkäse, Doppelrahmstufe

300 g Kartoffeln

200 g Karotten

1 Zucchini

1 Zwiebel

Salz

1 EL Olivenöl

4 EL Sesam

Zubereitung:

1. Das Gemüse waschen. Die Möhren und Kartoffeln schälen, in mundgerechte Stücke schneiden und 10-12 Minuten mit etwas Salz vorkochen.

2. Die Zucchini waschen, schälen und klein schneiden. Etwas zeitversetzt (nach ca. 5-6 Minuten) zusammen mit den kochenden Möhren und Kartoffeln im Topf vorgaren.

3. Zwischenzeitlich Olivenöl in einer Pfanne erhitzen, Zwiebeln schälen, klein schneiden und kurz anbraten.

4. Das Gemüse abgießen und in die Pfanne geben. Kurz mitbraten.

5. Als letztes Frischkäse und die Sesamkörner hinzufügen, unterheben und servieren.

Gefüllte Zucchini

Nährwerte (1 Portion): 465 kcal, 22 g Kohlenhydrate, 36 g Fett, 7 g Eiweiß

Zutaten für vier Portionen:

4 Zucchini

50 g Hirse

2 Paprika

150 g Porree

80 g Macadamianüsse

200 ml Gemüsebrühe (hefefrei, glutenfrei, ohne Glutamat)

200g Crème fraîche, 30 % Fett

2 EL Butter

Muskatnuss (gerieben)

Salz

Zubereitung:

1. Zucchini waschen, halbieren und Kerne mit einem Löffel auskratzen. Masse salzen und kurz in einer Pfanne andünsten.

2. Die Hirse in den 200 ml Gemüsebrühe aufkochen und auf mittlerer Hitze ca. 20 Minuten weich kochen.

3. Paprika waschen, entkernen und klein würfeln.

4. Den Porree waschen, die äußeren Blätter abziehen und in Ringe schneiden.

5. Porree zusammen mit den Paprika in Butter anschwitzen und mit Salz und Muskat abschmecken.

6. Die Masse mit der Hirse vermengen und die Bio-Zucchini damit füllen.

7. Den Backofen auf 180 °C vorheizen.

8. Die Macadamia-Nüsse hacken und mit der Crème fraîche vermischen. Über die Zucchinihälften verteilen und ca. 20 Minuten backen.

VEGAN

Süßkartoffelpfanne mit Paprika

Nährwerte (1 Portion): 446 kcal, 65 g Kohlenhydrate, 16 g Fett, 6 g Eiweiß

Zutaten für zwei Portionen:

2 Süßkartoffeln

1 Paprika

2 Lauchzwiebeln

1 Knoblauchzehe

Petersilie (frisch)

Kräuter der Provence, frisch

Salz

2 EL Olivenöl

Zubereitung:

1. Süßkartoffeln ungeschält in gesalzenem Wasser 10 Minuten garen.

2. Anschließend mit kaltem Wasser abspülen, schälen und in kleine Würfel schneiden.

3. Paprika waschen, entkernen und in feine Streifen schneiden.

4. Lauchzwiebeln waschen, äußere Blätter abziehen und in Ringe schneiden.

5. Knoblauchzehen schälen und durch eine Knoblauchpresse drücken.

6. Petersilie und Kräuter waschen und fein hacken.

7. Öl in einer Pfanne erhitzen und Süßkartoffelwürfel kurz anbraten.

8. Lauchzwiebeln und Knoblauch in die Pfanne zugeben.

9. Kräuter einrühren, mit Salz abschmecken und servieren.

Quinoa-Bowl

Nährwerte (1 Portion): 627 kcal, 84 g Kohlenhydrate, 22 g Fett, 17 g Eiweiß

Zutaten für zwei Portionen:

200 g Quinoa

400 ml Gemüsebrühe (hefefrei, glutenfrei, ohne Glutamat)

250 g Gurke

1 Paprika (rot)

1 Paprika (gelb)

6 Blätter Kopfsalat

½ Zucchini

6 EL Kokosmilch

1 EL Olivenöl (nativ)

2 EL Apfelmus

Salz

Zubereitung:

1. Quinoa mehrmals gut abspülen und abtropfen lassen, um die Bitterstoffe auszuspülen.

2. 400 ml Gemüsebrühe zum Kochen bringen, Quinoa darin kurz aufkochen und schließlich 15 Minuten auf mittlerer Hitze kochen lassen. Alles Wasser sollte aufgesogen werden.

3. In der Zwischenzeit Paprika, Gurke, Zucchini und Salat waschen, trocknen und in kleine Stücke schneiden.

4. Kokosmilch mit Öl und Apfelmus mischen und salzen. Dies bildet das Dressing.

5. Das Kokosmilch-Dressing und das Gemüse unter das Quinoa rühren und servieren.

Kürbissuppe mit Kokosmilch

Nährwerte (1 Portion): 617 kcal, 35 g Kohlenhydrate, 45 g Fett, 16 g Eiweiß

Zutaten für vier Portionen:

600 g Hokkaidokürbis

400 ml Kokosmilch

150 g Zwiebel/n

2 Karotten

2 EL Olivenöl (nativ)

600 g Gemüsebrühe (hefefrei, glutenfrei, ohne Glutamat)

10 g Ingwerknolle

Kreuzkümmel (getrocknet)

Salz

100 g Kürbiskerne (geröstet)

Zubereitung:

1. Kürbis waschen, halbieren und das weiche Innere mit einem Löffel auskratzen.
2. Fruchtfleisch in 2 cm große Stücke schneiden.
3. Die Möhren schälen und in fingerdicke Scheiben schneiden.
4. Zwiebel schälen und fein hacken.
5. Ingwer schälen und fein reiben.
6. Zwiebeln im Olivenöl andünsten, Ingwer, Möhren und Kürbis beigeben und kurz mitbraten.
7. Mit der Gemüsebrühe aufgießen, aufkochen und bei kleiner Hitze 15 bis 20 Minuten köcheln lassen.
8. Alles mit einem Pürierstab zerkleinern und Kokosmilch zugeben.
9. Unter Rühren kurz aufkochen und mit Kümmel und Salz abschmecken.

Brokkoli-Apfel-Rohkost-Salat

Nährwerte (1 Portion): 210 kcal, 14 g Kohlenhydrate, 12 g Fett, 7 g Eiweiß

Zutaten für vier Portionen:

500 g Brokkoli

150 g Äpfel

1 Paprika (rot)

40 g Sonnenblumenkerne

2 EL Olivenöl (nativ)

1 TL Senf

1 EL Zuckerrübensirup

Salz

Zubereitung:

1. Brokkoli, Paprika und Apfel waschen, entkernen und in mundgerechte Stücke schneiden.

2. Für das Dressing Öl, Zuckerrübensirup, Senf und Salz gut verrühren.

3. Sonnenblumenkerne zufügen und über den Brokkolisalat geben. Alles gut verrühren und abgedeckt 15 Minuten durchziehen lassen.

Kokosreis

Nährwerte (1 Portion): 340 kcal, 42 g Kohlenhydrate, 16 g Fett, 5 g Eiweiß

Zutaten für vier Portionen:

1 Paprika

1 Zwiebel

3 EL Öl

500 g Reis

125 ml Kokosmilch

100 ml Wasser

Salz

Zubereitung:

1. Paprika waschen, entkernen und in Streifen schneiden.

2. Zwiebeln schälen und würfeln.

3. Paprika und Zwiebeln kurz in Öl andünsten.

4. Reis unterheben und mit Kokosmilch und Wasser ablöschen.

5. 20 Minuten zugedeckt köcheln und mit Salz abschmecken.

Kokos-Kartoffelsuppe

Nährwerte (1 Portion): 462 kcal, 27 g Kohlenhydrate, 37 g Fett, 5 g Eiweiß

Zutaten für vier Portionen:

1 Knoblauchzehe

200 g Ingwer

2 EL ÖL

350 g Kartoffeln

500 ml Kokosmilch

500 ml Wasser

Salz

Kräuter

Zubereitung:

1. Knoblauch fein hacken, Ingwer schälen und ebenfalls fein hacken.

2. Kartoffeln schälen und würfeln.

3. Öl in einem Topf erhitzen und Ingwer zusammen mit Knoblauch kurz andünsten.

4. Kartoffeln zugeben und mit Kokosmilch und Wasser ablöschen.

5. Zugedeckt kochen, bis die Kartoffeln gar sind.

6. Alles pürieren und gegebenenfalls mit Salz und Kräutern abschmecken.

Kürbisreis

Nährwerte (1 Portion): 258 kcal, 48 g Kohlenhydrate, 4 g Fett, 8 g Eiweiß

Zutaten für vier Portionen:

2 Zwiebeln

2 Knoblauchzehen

1 EL Öl

500 g Reis

500 ml Wasser

500 g Kürbis

Salz

Kräuter

Zubereitung:

1. Zwiebeln fein hacken und Knoblauch pressen.
2. In einem Topf Öl erhitzen und Zwiebeln und Knoblauch kurz anbraten.
3. Reis hinzufügen und mit Wasser aufgießen.
4. Aufkochen und bei niedriger Stufe ca. 10 bis 15 Minuten kochen.
5. Kürbis in Würfel schneiden und in den Topf geben.
6. Mit Salz würzen und weiter 15 Minuten köcheln, bis der Kürbis gar ist.

Zucchini-Eintopf

Nährwerte (1 Portion): 77 kcal, 7 g Kohlenhydrate, 3 g Fett, 3 g Eiweiß

Zutaten für vier Portionen:

½ Zwiebel

1 EL Öl

250 ml Gemüsebrühe

450 g Zucchini

1 Karotte

Salz

Zubereitung:

1. Zwiebeln und Knoblauch fein hacken.

2. Karotte waschen, schälen und in dünne Scheiben schneiden.

3. Zucchini waschen, schälen und in Würfel schneiden.

4. Öl in einem mittelgroßen Topf erhitzen und Knoblauch mit Zwiebeln darin glasig andünsten.

5. Mit Gemüsebrühe ablöschen und das restliche Gemüse dazugeben.

6. Ca. 20 Minuten kochen und schließlich mit Salz abschmecken.

Karottensalat

Nährwerte (1 Portion): 345 kcal, 35 g Kohlenhydrate, 18 g Fett, 6 g Eiweiß

Zutaten für vier Portionen:

1 Zwiebel

3 EL Margarine

4 Knoblauchzehen

10 bis 15 Karotten

250 ml Gemüsebrühe

3 EL Olivenöl

1 EL Agavendicksaft

3 EL Basilikum, frisch

3 EL Petersilie, frisch

½ TL Paprikapulver

Salz

Zubereitung:

1. Zwiebeln fein hacken, Karotten in dünne Scheiben schneiden und Knoblauch pressen.
2. Margarine in einer Pfanne erhitzen und alles anbraten.
3. Mit Gemüsebrühe ablöschen und köcheln, bis die Karotten bissfest sind.
4. Die überschüssige Flüssigkeit abgießen und alles abkühlen lassen.
5. In der Zwischenzeit das Dressing aus Olivenöl, Agavendicksaft, Kräutern und 2 bis 3 Esslöffel vom übrig gebliebenen Wasser mischen.
6. Dressing über die abgekühlten Karotten geben und mit Kräutern garnieren.

Kartoffel-Ingwer-Eintopf

Nährwerte (1 Portion): 354 kcal, 40 g Kohlenhydrate, 14 g Fett, 10 g Eiweiß

Zutaten für zwei Portionen:

2 Kartoffeln

1 Ingwer

1 Karotte

3 Zwiebeln

1 Porree

1 Zucchini

2 EL Margarine

500 ml Wasser

1 TL Dill

1 TL Oregano

1 TL Petersilie

Salz

Zubereitung:

1. Kartoffeln schälen und würfeln.
2. Ingwer schälen und fein reiben.
3. Karotte, Zwiebeln und Porree in dünne Ringe schneiden.
4. Zucchini waschen und würfeln.
5. In einem Topf Margarine erhitzen und die Zwiebeln 5 Minuten andünsten.
6. Gemüse und Kartoffeln zugeben, kurz anbraten und mit Wasser aufgießen.
7. Kurz aufkochen und dann ca. 30 Minuten auf mittlerer Hitze kochen. Mit Salz abschmecken.

Desserts

VEGETARISCH

Beerendessert

Nährwerte (1 Portion): 163 kcal, 17 g Kohlenhydrate, 8 g Fett, 4 g Eiweiß

Zutaten für acht Portionen:

700 g Himbeeren

2 gehäufte Esslöffel Zucker

100 g Naturjoghurt

150 g Mascarpone

2 TL Vanillezucker mit echter Bourbonvanille

2 Eier

3 EL Zucker

Zubereitung:

1. Beeren mit Zucker vermengen.

2. Joghurt mit Vanillezucker und Mascarpone verrühren.

3. Ganze Eier mit 4 Esslöffel Zucker sehr schaumig schlagen und unter die Joghurtcreme heben.

4. Beeren in ein Glas oder Schälchen füllen, Joghurtcreme obenauf geben und mindestens eine Stunde kaltstellen.

Creme Caramel

Nährwerte (1 Portion): 729 kcal, 49 g Kohlenhydrate, 41 g Fett, 38 g Eiweiß

Zutaten für acht Portionen:

750 ml Milch

180 g Zucker

4 Eier

1 Prise Vanillemark

90 g Zucker

Zubereitung:

1. Backofen auf 160 °C vorheizen.
2. 8 kleine ofenfeste Schalen mit Butter einfetten und bereitstellen.
3. 180 g Zucker mit Wasser in einer Pfanne zum Schmelzen bringen und rühren, bis der Zucker braun wird – also karamellisiert.
4. Den fertigen Karamelsirup in die Schälchen gießen, sodass der Boden bedeckt ist.
5. Milch im Topf langsam heiß werden lassen. Nicht kochen!
6. Eier, Zucker und Vanille in einer Schüssel cremig schlagen und in die heiße Milch geben. Alles vorsichtig mit einem Schneebesen umrühren.
7. Die Masse in die Schälchen füllen und auf ein tiefes Backblech stellen. In das Backblech heißes Wasser einfüllen, sodass die Schälchen ca. zur Hälfte im Wasser stehen.
8. Ca. 30 Minuten backen.
9. Die Creme Caramel ist fertig, wenn die Masse in den Schälchen bei Bewegung noch leicht wackelt.
10. Vor dem Servieren für noch mindestens 2 Stunden im Kühlschrank erkalten lassen.

Bratapfel

Nährwerte (1 Portion): 126 kcal, 16 g Kohlenhydrate, 5 g Fett, 2 g Eiweiß

Zutaten für vier Portionen:

1 TL Butter

4 Äpfel

3 EL Mandeln (gehackt)

1 TL Zimt

Zubereitung:

1. Backofen auf 200 °C vorheizen.

2. Die Äpfel waschen und die Deckel abschneiden.

3. Kerngehäuse mit einem Apfelausstecher, ohne den Apfel zu beschädigen, ausstechen.

4. Mandeln, Butter und Zimt vermischen und die Füllung in die Äpfel geben.

5. Apfeldeckel wieder aufsetzen, die Äpfel in eine ofenfeste Form stellen und ca. 20 Minuten backen.

Belgische Waffeln ohne Hefe

Nährwerte (1 Portion): 603 kcal, 61 g Kohlenhydrate, 35 g Fett, 11 g Eiweiß

Zutaten für fünf Portionen:

300 g Dinkelmehl

250 ml Vollmilch

3 Eier

175 g Butter (weich)

80 g Zucker

1 TL Weinstein-Backpulver

Salz

2 TL Puderzucker

Zubereitung:

1. Butter mit Zucker und Salz in eine Schüssel geben und mit dem Handmixer auf höchster Stufe aufschlagen. Der Zucker sollte sich aufgelöst haben.

2. Eier hinzufügen und alles schaumig rühren.

3. Dinkelmehl und Weinstein-Backpulver vermischen und unter den Teig geben.

4. Milch zufügen und erneut kurz durchrühren.

5. Waffeleisen einschalten, gut mit Butter einfetten und den Waffelteig portionsweise hineingeben.

6. Die Waffeln brauchen zum Ausbacken nur wenige Minuten.

Kirschquark

Nährwerte (1 Portion): 320 kcal, 39 g Kohlenhydrate, 12 g Fett, 12 g Eiweiß

Zutaten für eine Portion:

125 g frische Kirschen

100 g Quark

2 EL Milch

1 EL Honig

Zubereitung:

1. Kirschen waschen, entkernen und halbieren.

2. Kirschen in den Quark geben, mit Milch verdünnen und gut vermengen.

3. Mit Honig süßen und servieren.

Pralinen mit Kokosnuss

Nährwerte (5 Stück): 422 kcal, 15 g Kohlenhydrate, 37 g Fett, 3 g Eiweiß

Zutaten für dreißig Stück:

200 g Kokosflocken

300 g Kokosmilch

60 g Zucker

30 g Butter

Zubereitung:

1. Milch in einem Topf mit der Butter, dem Zucker und einem Drittel der Kokosflocken erhitzen.

2. Die Masse aufkochen lassen und für 15 Minuten unter ständigem Rühren zu einem Brei kochen lassen.

3. Topf vom Herd nehmen und ca. 50 g Kokosflocken unterrühren.

4. Abkühlen lassen und aus der Masse kleine Kugeln formen. Diese in den restlichen Kokosflocken wälzen.

5. Vor dem Servieren kaltstellen.

Pudding mit Vanille

Nährwerte (1 Portion): 268 kcal, 36 g Kohlenhydrate, 10 g Fett, 8 g Eiweiß

Zutaten für zwei Portionen:

1 Vanilleschote

40 g Maisstärke

4 EL Milch

1 EL Zucker

½ Liter Milch

Zubereitung:

1. Die Maisstärke mit dem Zucker und der Milch (4 Esslöffel) glatt rühren.

2. Die restliche Milch in einem Topf zusammen mit der Vanilleschote aufkochen.

3. Topf vom Herd nehmen und Vanilleschote rausnehmen.

4. Maisstärke-Mischung in die noch heiße Milch geben und einrühren.

5. Alles nochmal aufkochen lassen und dabei ständig rühren.

6. Pudding in eine feuerfeste Form geben und vor dem Servieren auskühlen lassen.

Vanille-Zimt-Eis

Nährwerte (1 Portion): 560 kcal, 30 g Kohlenhydrate, 45 g Fett, 6 g Eiweiß

Zutaten für zwei Portionen:

200 g Vanilleeis

2 TL Zimt

20 g Kokosette

150ml Sahne

4 TL Carobpulver

Zubereitung:

1. Mit einem Mixer die Sahne steif schlagen.

2. In einer Schüssel das Vanilleeis mit dem Zimt, Carobpulver und den Kokosetten glatt rühren.

3. Eis in einer Schüssel anrichten und mit Sahne und Zimt garnieren.

VEGAN

Chia-Pudding

Nährwerte (1 Portion): 326 kcal, 15 g Kohlenhydrate, 26 g Fett, 4 g Eiweiß

Zutaten für vier Portionen:

400 ml Kokosmilch

1 TL Vanillezucker

2 EL Reissirup

3 EL Chiasamen

50 g Blaubeeren

Zubereitung:

1. Kokosmilch mit Vanillezucker und Reissirup vermengen.

2. Chiasamen zugeben und die Creme für 2-3 Stunden kühl stellen, damit die Chiasamen gut quellen können.

3. Vor dem Servieren den Pudding mit Blaubeeren garnieren.

Rührkuchen ohne Ei

Nährwerte (1 Portion): 249 kcal, 25 g Kohlenhydrate, 16 g Fett, 2 g Eiweiß

Zutaten für fünfzehn Portionen:

250 g Dinkelmehl (Type 630)

250 g Kokosöl

1 Apfel

1 Tüte Weinstein-Backpulver

180 g Rohrzucker

150 ml ungesüßte Mandelmilch

1 TL Vanille (gemahlen)

1 TL Puderzucker

Zubereitung:

1. Apfel schälen, entkernen und mit einer Reibe klein reiben.

2. Mehl in einer Schüssel mit Backpulver vermischen.

3. Kokosöl mit gemahlener Vanille und Zucker verrühren und schließlich Apfelmasse untermischen.

4. Abwechselnd Mandelmilch und Mehl zugeben, bis ein glatter Teig entstanden ist.

5. Teig in vorbereitete Backform einfüllen und bei 180 °C im vorgeheizten Ofen ca. 40 Minuten lang ausbacken.

6. Mit einem Zahnstocher prüfen, ob der Kuchen durchgebacken ist.

7. Sobald der Kuchen ausgekühlt ist, kann er gestürzt werden. Schließlich mit etwas Puderzucker bestäuben.

Haferflockenkekse

Nährwerte (1 Portion): 498 kcal, 46 g Kohlenhydrate, 28 g Fett, 11 g Eiweiß

Zutaten für vier Portionen:

100 g Dinkelvollkornmehl

50 g Haferflocken

70 g Mandeln (gemahlen)

40 g Mandeln (gehackt)

1 Apfel

Vanille

70 g Vollrohrzucker

60 g Margarine

Zubereitung:

1. Apfel schälen, entkernen und raspeln.

2. Mandeln und Haferflocken in einer Pfanne kurz anrösten.

3. Alle Zutaten miteinander verkneten.

4. Aus dem Teig kleine Häufchen aus ca. 2 Teelöffeln des Teiges auf ein mit Backpapier ausgelegtes Backblech setzen.

5. Bei 160 °C 10 bis 15 Minuten backen, bis die Kekse knusprig und braun sind.

Chia-Kokos-Muffins

Nährwerte (1 Portion): 189 kcal, 20 g Kohlenhydrate, 9 g Fett, 5 g Eiweiß

Zutaten für zwölf Stück:

130 g Dinkelmehl

120 g Kokosmehl

4 EL Chiasamen

100 g Kokosblütenzucker (oder normaler Zucker)

250 ml Mandelmilch

200 g Kokosjoghurt

80 ml neutrales Pflanzenöl

1 TL Vanillemark

2 TL Backpulver

½ TL Natron

Salz

Zubereitung:

1. Backofen auf 200 °C vorheizen.

2. Alle trockenen Zutaten in einer Rührschüssel vermengen.

3. Mandelmilch und Kokosjoghurt vermengen und mit den restlichen Zutaten vermischen, bis ein glatter Teig entsteht.

4. Muffinform mit Öl einpinseln und Teig einfüllen.

5. Muffins für 20 Minuten backen und Stäbchenprobe machen.

6. Gut abkühlen lassen und nach Belieben mit Kokosraspeln toppen.

Hirsebrei

Nährwerte (1 Portion): 79 kcal, 16 g Kohlenhydrate, 0 g Fett, 2 g Eiweiß

Zutaten für drei Portionen:

60 g Hirse

300 ml Wasser

Salz

Agavendicksaft

Zubereitung:

1. Wasser und Hirse in einem kleinen Topf zum Kochen bringen.

2. Unter stetigem Rühren ca. 12 Minuten köcheln, bis ein Brei entsteht.

3. Mit Agavendicksaft süßen und servieren.

Schlusswort

Eine Lebensmittelunverträglichkeit ist häufig sehr individuell. Gerade bei der Histaminintoleranz kann man wenige Regeln für alle betroffenen Personen finden. Die Lebensmittel werden von Person zu Person und sogar von Tag zu Tag unterschiedlich gut vom Körper verarbeitet, was nicht zuletzt an den ständig schwankenden Histaminwerten der einzelnen Lebensmittel liegt.

Als Leitbild kann Ihnen in dem Fall die Liste der verträglichen Lebensmittel dienen.

Aber auch Mediziner und Ernährungswissenschaftler können Ihnen viele nützliche Infos geben.

Nichtsdestotrotz müssen Sie nicht Ihr ganzes restliches Leben eine einseitige Ernährung einhalten und ich hoffe, ich konnte Ihnen möglichst viele Infos, Tipps und Anregungen in diesem Buch bieten, um besser in der Lage zu sein, Ihre eigenen Symptome und Beschwerden einzuordnen und zu bessern. Histaminintoleranz ist ein sehr vielschichtiges Thema und mitunter schwer zu fassen – was es selbst für Betroffene schwer macht, die Krankheit zu erkennen oder gar zu bemerken.

Mein bester Tipp hier für Sie: Gehen Sie einen Schritt zurück in der Ernährungsgesichte und kochen Sie frisch und ohne Zusatzstoffe, und vor allem: meiden Sie Fertigprodukte. Lassen Sie sich nicht von einem steinigen Weg oder der Aussicht, liebgewonnene Gerichte nicht mehr essen zu können, entmutigen.

Manche Gewohnheiten stellen sich doch erst im Nachhinein als schlecht heraus. Sich besser zu fühlen, ist so viel mehr wert, als bestimmte Gerichte essen zu können!

Dieses Buch kann ein erster Schritt in die richtige Richtung sein, um Essen ohne negative Begleiterscheinungen von ganzem Herzen zu genießen!

Herstellung und Verlag:

BoD – Books on Demand, Norderstedt

ISBN: 9783755785910

© Felia Loesing 2021

1. Auflage

Kontakt: Psiana eCom UG/ Berumer Str. 44/ 26844 Jemgum

Covergestaltung: Fenna Larsson

Coverfoto: depositphotos.com